Genussmomente

FONDUE

EIN BUCH DER
EDITION MICHAEL FISCHER

INHALTS-VERZEICHNIS

LA FONDUE

GRUNDLAGEN

DAS FONDUE

EIN GEMEINSCHAFTLICHES ERLEBNIS

Ein Topf, ein Rechaud (Stövchen), passendes Fonduebesteck und jede Menge herzhafte, aber auch süße Fonduevarianten – mehr braucht es nicht, um einen kulinarischen Abend mit seinen Lieblingsmenschen zu genießen. Auf den folgenden Seiten können Sie in die abwechslungsreiche Welt der Fondues eintauchen. Neben altbewährten Klassikern wie dem Käsefondue finden Sie in diesem Buch auch exotischere Fondues, wie das Shabu-Shabu (siehe S. 20). Entführen und überraschen Sie Ihre Gäste mit ganz neu interpretierten, köstlichen Fondues!

HERKUNFT DES FONDUES

Obwohl das Schweizer Käsefondue bis heute als unausgesprochenes Nationalgericht der Eidgenossen gilt und den geschichtlichen Aufzeichnungen nach die Urform des Fondues ist, scheint man sich seiner genauen Herkunft bis heute noch immer nicht ganz sicher. Angeblich wurde das erste Fondue westlich der Alpenregion, rund um das Gebiet der Romandie in der Schweiz, des Piemont in Italien und den Savoyen in Frankreich, zubereitet. Ältere Fondue-ähnliche Vorgänger, aus einer über dem Feuer geschmolzenen Ziegenkäsemischung mit Wein, wurden allerdings bereits in Homers *Ilias* verzeichnet. Mittlerweile hat der Fonduetopf allerdings schon lang die facettenreichen Küchen unserer Welt erobert und ist in seiner Tradition auch aus der asiatischen Küche nicht wegzudenken.

DER FONDUETOPF UND DAS WERKZEUG

Ein richtiges Werkzeug und gute Vorbereitung sind in der Küche unerlässlich und in diesem Fall auch die halbe Miete. Bitte beachten Sie, dass nicht jeder Topf für jede Fondueart und jeden Herd geeignet ist. Überlegen Sie sich vor der Anschaffung eines Fonduegeschirrs, was in den Topf kommen soll und wie viele Gäste sich um Ihren Tisch versammeln werden. Besondere Fonduegeräte wie z. B. ein Tatarenhut sind zugegebenermaßen ein toller Eyecatcher auf jedem Fonduetisch, aber nicht zwingend notwendig. Mit ein bis zwei hochwertigen Fonduetöpfen sind Sie bestens bedient und werden damit lang Freude haben, versprochen!

Ganz egal, welches der folgenden Rezepte Sie besonders anspricht, eines haben sie alle gemein. Sie benötigen für die Zubereitung, neben einem dafür geeigneten Topf, einen Rechaud, um die gekochte Flüssigkeit heiß zu halten, und pro Person 1–2 Fonduegabeln. Zu empfehlen sind dafür eigens hergestellte Fonduetöpfe aus Keramik, Gusseisen oder Kupfer, die die zu garenden Flüssigkeiten besonders lang auf Temperatur halten und Ihren Fondueabend somit zu einem langanhaltenden kulinarischen Ereignis machen.

Wenn Sie sich an Ihre ersten Fondues herantasten möchten, ohne gleich ein ganzes Fondueset kaufen zu müssen, verwenden Sie für Ihren Fonduestart am besten einen qualitativ hochwertigen Kochtopf, bestehend aus den oben genannten Materialien, oder leihen Sie sich ein Fondueset in Ihrem Freundeskreis.

Unter Beachtung dieser wenigen Punkte steht einer köstlichen Fondueparty absolut nichts mehr im Weg und es darf mit dem Fonduebesteck fleißig geangelt und aufgegabelt werden.

DER TOPFINHALT

Cremige Käsefondues, hoch erhitzbare Öle, würzige Brühen, schmackhafte Saucen und verführerisch süße Dips – sie alle lassen sich unkompliziert im passenden Fonduetopf erhitzen und sind der Ausgangspunkt jeden Fondues. Die eigentlichen Hauptdarsteller sind jedoch die vielseitigen Beilagen, die Ihr Fondue zu einer geschmacklichen Attraktion machen: ein Stückchen frisch gebackenes Fonduebrot (siehe S. 50) in Käse getunkt, knusprig frittierte Oliven (siehe S. 16) oder frisches Obst, umhüllt von zart geschmolzener Schokolade (siehe S. 42). Den Möglichkeiten sind keine Grenzen gesetzt!

WELCHES FLEISCH?

Grundsätzlich ist die Wahl des Fleisches beim Fondue Ihnen und Ihrem Geschmack überlassen. Dennoch bekommen Sie hier eine kleine Übersicht darüber, welche Teile vom Fleisch sich besonders gut für ein Fondue mit Brühe oder Öl eignen, und für welche Zubereitungsformen und Gerichte sich diese Teilstücke ebenso gut eignen:

Fleisch von Rind und Kalb

Die sehr saftigen Stücke der Fehlrippe oder Hohen Rippe sind ideal zum Kochen, Schmoren und Braten. Wenn sie für ein Fondue verwendet werden, sollten sie gut abgehangen sein.

Die Oberschale von Rind- oder Kalbfleisch ist eine vielseitig zu verwendende Partie. Sie eignet sich gut für Rouladen, Braten, mageres Tatar, Fonduefleisch und Beefsteaks. Die Unterschale bietet sich bestens zum Kochen, Pökeln und Schmoren an, wie für Gulasch, Rostbraten, Spickbraten oder Rouladen.

Lammfleisch

Das vielleicht vielseitigste und allgemein beliebteste Teilstück vom Lamm ist die Keule und die Haxen. Sie ist erhältlich am Stück – mit oder ohne anhängende Haxen – mit oder ohne Knochen, halbiert, als Steak mit Knochen, gewürfelt für Gulasch, Spieße und Fondue, in Form von Braten mit oder ohne Knochen sowie zu Rollbraten gewickelt. Die Haxen werden auch einzeln angeboten. Große Stücke eignen sich am besten zum Schmoren, man kann sie aber auch kochen. Kleinere sind perfekt zum Kurzbraten und auch zum Grillen geeignet.

REZEPTE

BEEF-FONDUE

mit Gremolata

FÜR 4 PORTIONEN

Für die Gremolata

- 3 Knoblauchzehen
- 250 g getrocknete Tomaten (in Öl)
- 1 kleines Bund glatte Petersilie
- 2 Bio-Zitronen
- 1 TL Kapern
- ½ TL Sardellenpaste
- ½ TL getrockneter Oregano
- 250 ml Zitronenöl
- 120 g Walnusskerne
- Salz, Pfeffer
- 1 Msp. Chiliflocken
- 1 Zitrone (in Spalten)

Außerdem

- 1,5 l Öl zum Frittieren
- 800 g gemischte Abschnitte vom Rind (z. B. Hüfte, Filet oder Tafelspitz)
- Dips nach Wahl (siehe ab S. 54)
- Fonduebrot (siehe S. 50)

SO GEHT'S

1 Für die Gremolata den Knoblauch schälen und zusammen mit den Tomaten in einen Standmixer geben. Die Petersilie waschen, trocken schütteln und hacken. Die Zitronen heiß waschen, die Schale abreiben. Beides mit Kapern, Sardellenpaste und Oregano in den Standmixer geben. Das Öl angießen und mit 60 g Walnüssen nicht zu fein pürieren. Mit Salz, Pfeffer und Chiliflocken abschmecken. Restliche Walnüsse hacken und unter die Gremolata rühren. Mit den Zitronenspalten anrichten. Das Fleisch würfeln.

2 Das Öl im Fonduetopf auf etwa 175 °C erhitzen. Den Fonduetopf auf den Rechaud stellen (Spritzschutz nicht vergessen!). Das Fleisch auf die Fonduegabeln spießen und im heißen Öl medium rare, medium oder well done garen. Zusammen mit den Dips, der Gremolata und dem Fonduebrot genießen.

TAPAS-FONDUE
mit Salsa verde

FÜR 4 PORTIONEN

- 16 Riesenoliven (ohne Stein)
- 3 frische Bratwürste
- 2 EL Mehl (Type 405)
- 1 Ei (Größe M)
- Paniermehl
- Salz, Pfeffer
- 12 Garnelen (küchenfertig)
- 400 g Rinderfilet
- 300 g Bratpaprika
- 2 Chorizo-Würste
- 1 Zitrone
- 1,5 l Öl zum Frittieren
- 800 g kleine festkochende Kartoffeln (in Salzwasser gekocht)
- Salsa verde (siehe S. 62; alternativ andere Dips nach Belieben)

Außerdem

- 1 Spritzer Zitronensaft (nach Belieben)

SO GEHT'S

1 Die Riesenoliven seitlich leicht einschneiden, ohne sie dabei zu teilen. Das Brät aus dem Darm drücken. Ein wenig Wurstbrät abnehmen und vorsichtig in die Oliven drücken. Sollten die Oliven dabei brechen, fest an die Wurstmasse drücken.

2 Mehl, Ei und Paniermehl jeweils auf Teller geben. Ei mit Salz und Pfeffer verquirlen. Die Oliven zuerst im Mehl wälzen, dann durch die Eiermasse ziehen und im Paniermehl wälzen. Die Panade leicht festdrücken. Die Garnelen unter Wasser abbrausen und trocken tupfen. Das Fleisch in mundgerechte Stücke schneiden. Bratpaprika waschen. Die Chorizo in Scheiben und die Zitrone in Spalten schneiden.

3 Das Öl bis zur Markierung in den Fonduetopf gießen und auf etwa 175 °C erhitzen. Den Topf auf den Rechaud stellen (Spritzschutz nicht vergessen!). Die Kartoffeln in der Salsa verde wenden und zusammen mit den anderen Beilagen auf Gabeln spießen und im heißen Öl frittieren. Zusammen mit den Dips und den restlichen Beilagen genießen. Nach Belieben mit Zitronensaft beträufeln.

SURF & TURF-
Fondue mit Kräuterbutter

FÜR 4 PORTIONEN

Für die Butter
- 1 Bund Bio-Radieschenblätter
- 50 g glatte Petersilie
- 1 Bio-Zitrone
- 2 Knoblauchzehen
- 20 g Rapsöl
- Meersalz

Für das Fondue
- 300 g Garnelen (küchenfertig)
- 600 g Rib-Eye-Steak (Entrecôte)
- 200 g Brokkoli
- 1 l Öl zum Frittieren

SO GEHT'S

1 Für die Butter Radieschenblätter und Petersilie waschen, trocken schütteln und grob hacken. Die Zitrone heiß abwaschen, die Schale fein abreiben und 1 TL Saft auspressen. Kräuter, Zitronenabrieb und -saft mit den restlichen Butterzutaten in einen Mixbehälter geben und mit einem Stabmixer zu einer homogenen Masse pürieren. Die grüne Butter bis zum Verzehr kühl stellen.

2 Für das Fondue die Garnelen kalt abbrausen und trocken tupfen. Das Fleisch in mundgerechte Stücke schneiden. Den Brokkoli putzen, waschen und in Röschen teilen.

3 Den Rechaud auf den Tisch stellen und vorheizen. Das Öl bis zur Markierung in den Topf gießen und auf dem Herd auf etwa 175 °C erhitzen. Den Topf auf den Rechaud stellen (Spritzschutz nicht vergessen!). Die vorbereiteten Zutaten mit den Fonduegabeln im heißen Öl frittieren. Zusammen mit der grünen Butter und einigen Dips nach Wahl (siehe Beilagen und Dips, ab S. 50) genießen.

TIPP

Reichen Sie als Abwechslung zu Ihren Beilagen auch mal Salsa verde (siehe S. 62).

SHABU-SHABU

Fondue mit scharfer Brühe

FÜR 4 PORTIONEN

Für die scharfe und die milde Brühe

- 2 EL Öl
- 1–2 EL Chilipaste (Glas)
- 2–3 getrocknete Shiitake
- 1 EL Goji-Beeren
- 1 TL Reisessig
- 4 Knoblauchzehen
- je 4 Gewürznelken, Sternanis und Lorbeerblätter
- 2 l Rinder- oder Gemüsebrühe

Für die Beilagen

- 600 g Fisch oder Fleisch
- 200 g Tofu
- 200 g Gemüse (nach Wahl; alternativ Pilze)
- 200 g vorgekochte Reisnudeln

Außerdem

- Sojasauce

SO GEHT'S

1 Für die scharfe Brühe das Öl in einem Topf erhitzen, die Chilipaste darin kurz rösten, dann in eine Seite des Shabu-Shabu-Topfes geben. Die getrockneten Pilze, Goji-Beeren und Essig in die andere Seite des Topfes geben. Den Knoblauch schälen und hacken. Knoblauch und Gewürze halbieren und auf beide Topfseiten aufteilen. Die Brühe erhitzen und in beide Topfhälften gießen.

2 Für die Beilagen den Fisch kalt abbrausen und trocken tupfen bzw. das Fleisch in mundgerechte Stücke schneiden. Den Tofu würfeln. Das Gemüse putzen, waschen und in mundgerechte Stücke schneiden bzw. die Pilze putzen und nach Bedarf halbieren.

3 Den Rechaud mit dem Fonduetopf auf dem Tisch platzieren und alle Beilagen eindecken. Zum Genießen die vorbereiteten Beilagen mit Essstäbchen oder im Fonduesieb in der Brühe garen. Mit milder oder scharfer Sojasauce würzen.

SEAFOOD-
Fondue

FÜR 4 PORTIONEN

- 2 Knoblauchzehen
- 2 Schalotten
- 1 EL Olivenöl
- 2 Möhren
- 1 kleiner Sellerie
- 1 l Fischfond
- 250 ml Gemüsebrühe
- 200 ml Weißwein
- 1 kleines Bund glatte Petersilie
- Salz, Pfeffer
- 1 Tütchen Safran (nach Belieben)
- 2–3 Bio-Zitronenscheiben
- 500 g gemischtes festes Fischfilet (z. B. Lachs, Seeteufel, Thunfisch)
- 500 g Meeresfrüchte (z. B. Garnelen, Jakobs- oder Miesmuscheln)
- 2 Fenchelknollen
- 2 Stangen Staudensellerie
- 1 Baguette (alternativ Fonduebrote, siehe S. 50)
- Aioli (siehe S. 54)
- 1 Zitrone (in Spalten)

SO GEHT'S

1 Für den Fond Knoblauch und Schalotten schälen, fein hacken und in Öl dünsten. Das Gemüse putzen, waschen klein schneiden und dazugeben. Kurz anbraten, dann Fond, Brühe und Wein dazugießen. Die Petersilie waschen, trocken schütteln, klein hacken und die Hälfte unterrühren. Mit Salz und Pfeffer abschmecken. Den Fond mindestens 20 Minuten köcheln lassen. Vor dem Servieren restliche Petersilie, Safran und Zitronenscheiben dazugeben.

2 Den Fond in den Fonduetopf umfülle. Den Topf auf dem heißen Rechaud in der Tischmitte platzieren.

3 Den Fisch und die Meeresfrüchte kalt abbrausen, trocken tupfen. Den Fisch in Stücke schneiden. Das Gemüse putzen, waschen und in mundgerechte Stücke schneiden. Alle Beilagen um den Fonduetopf herum verteilen. Zum Genießen Fisch und Gemüse in die Fonduesiebe legen und in der Brühe gar ziehen lassen. Zusammen mit Baguette oder Fonduebrot sowie Aioli servieren. Mit Zitronensaft beträufeln.

VEGGIE-FONDUE

mit Kräuterquark

FÜR 4 PORTIONEN

Für das Fondue

- ca. 1 kg gemischtes Gemüse (z. B. Brokkoli, Fenchel, Möhre, Paprika, Zucchini)
- 200 g Champignons
- 30 g Schnittlauch
- 30 g glatte Petersilie
- 10 g Dill oder Kerbel
- 1,5 l Gemüsebrühe
- Salz, Pfeffer
- 1 Zitrone (in Spalten; nach Belieben)
- Kräutersalz (nach Belieben)

Für den Kräuterquark

- 1 Knoblauchzehe
- 50 g gemischte Kräuter (z. B. Petersilie, Dill, Basilikum)
- 3–4 Blätter Liebstöckel
- 350 g saure Sahne
- 350 g Magerquark
- 2 EL Olivenöl
- 1 EL Zitronensaft
- Salz, Pfeffer

SO GEHT'S

1 Das Gemüse waschen, nach Bedarf putzen und waschen bzw. schälen und in mundgerechte Stücke schneiden. Die Pilze putzen. Die Kräuter waschen, trocken schütteln und grob hacken. Gemüsebrühe im Fonduetopf zum Kochen bringen und die gehackten Kräuter dazugeben. Den Rechaud auf den Tisch stellen. Brühe mit Salz und Pfeffer würzen und auf den Rechaud stellen. Zum Genießen das Gemüse in die Fonduesiebe geben und in der Suppe garen.

2 Für den Kräuterquark den Knoblauch schälen. Die Kräuter waschen und trocken schütteln. Die Blätter von den Stängeln zupfen und zusammen mit dem Knoblauch fein hacken. Alle Zutaten in eine Schüssel geben, gut miteinander vermengen und mit Salz und Pfeffer abschmecken.

3 Das Fondue zusammen mit dem Kräuterquark genießen und nach Belieben mit Zitronensaft und Kräutersalz abschmecken.

TIPP

Reichen Sie zu Ihrem Fondue einige Scheiben frisches Baguette oder Fonduebrot (siehe S. 50).

MOITIÉ-MOITIÉ

Schweizer Käsefondue

FÜR 4 PORTIONEN

- 2–3 Knoblauchzehen
- 400 g Freiburger Vacherin (Weichkäse)
- 400 g Gruyère (mild oder extra würzig)
- 1–1 ½ EL Maisstärke
- 325 ml trockener Weißwein
- 4 cl Kirschwasser
- 1 Spritzer Zitronensaft
- Salz, Pfeffer
- 1 Msp. Paprikapulver (mild oder scharf)
- 1 Msp. geriebene Muskatnuss

Außerdem

- Fonduebrot (siehe S. 50)

SO GEHT'S

1 Den Knoblauch schälen, halbieren und mit der Schnittfläche das Caquelon (Fonduetopf für Käse) ausreiben. Den Käse reiben und zusammen mit der Stärke in den Fonduetopf geben. Die flüssigen Zutaten dazugießen. Alles langsam unter Rühren aufkochen und zum Schmelzen bringen. Den Rechaud auf den Tisch stellen.

2 Das Fondue mit Salz, Pfeffer, Paprika und Muskatnuss abschmecken und sofort auf den Rechaud stellen. Zum Genießen das in Stücke gebrochene Fonduebrot auf die Fonduegabeln spießen und in den Käse tunken.

TIPP

Moitié-moitié bedeutet so viel wie halb-halb. Verwenden Sie für traditionelle Käsefondues einen Teil würzige und einen Teil milde, cremige Käsesorten. Rechnen Sie pro Person mit etwa 200 g Käse und 200 g Fonduebrot. Ein Spritzer Zitronensaft macht das Fondue besonders cremig. Und probieren Sie unbedingt auch die am Topfboden gebildete Käsekruste!

KÄSEFONDUE

auf mexikanische Art

FÜR 4–8 PORTIONEN:

- je 1 ½ EL Butter und Mehl
- 150 ml Milch
- 150 ml Gemüsebrühe
- ½–1 TL Chilipulver
- Salz, Pfeffer
- 100 g (weiche) Chorizo
- 1 Knoblauchzehe
- 300 g gemischtes Hackfleisch (halb und halb)
- ½ TL getrockneter Oregano
- je ¼ TL gemahlener Zimt und Kreuzkümmel
- 1 TL edelsüßes Paprikapulver
- 150 g Cheddar
- 200 g geriebener Mozzarella (Fertigprodukt)
- Öl zum Braten
- 1 TL Tomatenmark
- 1 EL Weißweinessig
- 2 Tomaten
- 2 EL gehacktes Koriandergrün
- Nachos zum Dippen

SO GEHT'S

1 Butter in einem Topf zerlassen, Mehl darin unter Rühren anschwitzen; das Mehl sollte nicht bräunen. Milch und Brühe unter Rühren nach und nach zugießen, dabei immer erst alles gründlich verrühren, damit sich keine Klümpchen bilden. Mit der Hälfte des Chilipulvers würzen, salzen und pfeffern, bei schwacher Hitze 10 Minuten köcheln lassen. Inzwischen von der Chorizo die Pelle abziehen und die Wurst in möglichst kleine Stücke schneiden. Knoblauch schälen und fein würfeln. Beides mit Hackfleisch, Oregano und den Gewürzen mit den Händen gründlich durchmengen, salzen, pfeffern und 10 Minuten ziehen lassen. Cheddar grob raspeln.

2 Den Backofen auf 180 °C (Ober-/Unterhitze) vorheizen. Cheddar und Mozzarella portionsweise unter die Sauce rühren und bei mittlerer Hitze unter kräftigem Rühren schmelzen lassen. Nochmals mit Salz, Pfeffer und Chilipulver abschmecken und in eine ofenfeste Auflaufform gießen.

3 In einer beschichteten ofenfesten Pfanne ausreichend Öl erhitzen. Die Fleischmasse hineingeben und leicht braun braten, dazu mit einem Holzlöffel immer wieder rühren und das Hackfleisch zerteilen, sodass es am Ende krümelig ist. Tomatenmark und Essig zugeben und unter Rühren weitere 2–3 Minuten braten. Mit Salz und Pfeffer abschmecken. Die Pfanne vom Herd nehmen.

4 Die Hackmasse auf die Käsesoße geben und leicht hineindrücken. Im heißen Backofen (Mitte) 10–15 Minuten backen; der Käse sollte dabei nicht bräunen. Die Tomaten waschen, halbieren, entkernen und das Fruchtfleisch in Würfel schneiden. Das Fondue aus dem Ofen nehmen, Tomatenwürfel und Koriandergrün darauf verteilen und in der Form mit Nachos zum Dippen servieren.

STAUB

4-KÄSE-FONDUE

quattro formaggi

FÜR 4 PORTIONEN

- 1 Knoblauchzehe
- 250 g Asiago
- 250 g Taleggio (alternativ Latteria)
- 150 g Parmesan
- 2 EL Speisestärke
- 325 ml italienischer Weißwein
- 1 Spritzer Zitronensaft
- 150 g Gorgonzola
- 2 EL Grappa
- 1 TL getrocknete italienische Kräuter (nach Belieben)
- 1 Msp. geriebene Muskatnuss

Außerdem

- 600 g verschiedene gefüllte Nudeltaschen (z. B. Tortellini, Gnocchi oder eine andere kurze Pastasorte)

SO GEHT'S

1 Den Knoblauch schälen, halbieren und das Caquelon damit ausreiben. Alle Käsesorten reiben. Zusammen mit der Stärke, dem Wein und dem Zitronensaft in den Topf geben. Die Käsemasse unter Rühren bei schwacher Hitze zum Schmelzen bringen. Den Gorgonzola in den Topf bröckeln. Grappa und Kräuter hinzufügen, mit Muskatnuss abschmecken.

2 Alles gut miteinander vermengen, auf das Rechaud stellen und warm halten.

3 Die Pasta laut Packungsanweisung garen, auf verschiedene Schüsseln aufteilen und zur heißen Käsesauce reichen. Zum Genießen die Pasta auf Fonduegabeln spießen und in den Käse tunken.

VEGANES CASHEW-
„Käse"-Fondue

FÜR 4 PORTIONEN

- 1 Zwiebel
- 2 Knoblauchzehen
- 3 EL Margarine (alternativ vegane Butter)
- 300 ml Weißwein (alternativ alkoholfreier Apfelwein)
- 50 ml Sauerkrautsaft
- 350 ml Gemüsebrühe (alternativ Wasser)
- 200 g Cashewmus
- 3 EL helle Miso-Paste
- 5–6 EL Hefeflocken
- 1 EL Senf
- 1 Prise geriebene Muskatnuss
- Salz, Pfeffer
- 4 EL Tapiokastärke (alternativ Mehl oder Speisestärke)

Außerdem

- Gemüse (nach Wahl)
- Fonduebrot
- Mixed Pickle

SO GEHT'S

1 Zwiebel und Knoblauch schälen und möglichst fein hacken. Die Margarine oder vegane Butter in einem Topf schmelzen. Zwiebel und Knoblauch darin bei schwacher Hitze dünsten. Die flüssigen Zutaten dazugießen und mit dem Stabmixer pürieren. Alle Würzzutaten sowie 1 Prise Muskatnuss, etwas Salz und Pfeffer dazugeben und aufkochen lassen. Dabei alles gründlich verrühren. Die Stärke zugeben und alles unter Rühren bei schwacher Hitze weiterköcheln lassen, bis die „Käse"-Sauce beginnt, Fäden zu ziehen.

2 Das fertige Fondue zusammen mit frischem, vorgegartem oder rohem Gemüse nach Wahl genießen. Reichen Sie zusätzlich ein wenig Fonduebrot und Mixed Pickles dazu.

GREEK-STYLE-
Ziegenkäsefondue

FÜR 4 PORTIONEN

- 40 g Butter
- 30 g Mehl (Type 405)
- 500 ml Ziegen- oder Schafsmilch
- 80 g Ziegenfrischkäse
- 1 Spritzer Zitronensaft
- 1 TL Oregano (getrocknet oder frisch)
- 2 Zweige Thymian
- ½ TL Knoblauchpulver
- Pfeffer

Außerdem

- 12–14 getrocknete Datteln
- 12–14 Scheiben Frühstücksspeck
- 3 EL Olivenöl
- Oliven, Honig
- gehackte Nusskerne

SO GEHT'S

1 Die Butter bei schwacher Hitze in einem Topf zum Schmelzen bringen. Das Mehl dazugeben und mit einem Schneebesen gründlich verrühren, bis eine glatte Masse entsteht. Die Milch unter ständigem Rühren zur Mehlschwitze geben und aufkochen lassen. Den Frischkäse in die Milch bröckeln. Die Sauce 5 Minuten köcheln lassen und dabei regelmäßig umrühren. Mit Zitronensaft und den Gewürzen fein abschmecken.

2 Das Fondue in einen Fonduetopf umfüllen und auf dem Rechaud warm halten oder als lauwarmen Dip in einer Schale servieren.

3 Die Datteln entkernen, mit dem Speck umwickeln und von beiden Seiten im Öl knusprig braten. Zusammen mit Oliven, Honig und Nüssen zum Fondue reichen. Zum Genießen die Speckdatteln in den Käse tunken, mit Honig beträufeln und mit gehackten Nüssen bestreuen.

FONDUE IM BROT

Flammkuchen-Style

FÜR 4 PORTIONEN

- 3 kleine Zwiebeln
- 2 EL Öl
- 8 Scheiben Frühstücksspeck
- 1 Msp. Paprikapulver (mild oder scharf)
- 2–3 Knoblauchzehen
- 400 g Appenzeller
- 400 g Freiburger Vacherin (Weichkäse)
- 1 ½ EL Maisstärke
- 320 ml trockener Weißwein
- 4 cl Kirschwasser
- 1 Spritzer Zitronensaft
- Salz, Pfeffer
- 1 Msp. geriebene Muskatnuss
- 2 getrocknete Steinpilze oder Champignons

Außerdem

- 1 großes Brot (alternativ 4 kleinere Brötchen)
- 2 Frühlingszwiebeln (nach Belieben)

SO GEHT'S

1 Die Zwiebeln schälen, würfeln und bei schwacher Hitze im Öl etwa 30 Minuten dünsten. Gelegentlich umrühren. Zwischenzeitlich den Speck quer in Streifen schneiden und gegen Ende der 30 Minuten zu den Zwiebeln geben. Mit Paprikapulver bestäuben und in 5–6 Minuten abgedeckt goldbraun rösten. Zum Abkühlen beiseitestellen.

2 Das Fondue, wie auf Seite 26 beschrieben, zubereiten. Die Pilze zerbröseln und mit der Zwiebel-Speck-Mischung unter die Käsesauce rühren.

3 Den Deckel des Brotes abschneiden. Das Brot aushöhlen, den Inhalt in Streifen schneiden und nach Belieben kurz in Butterschmalz rösten. Die Frühlingszwiebeln putzen, waschen und in Ringe schneiden. Das Käsefondue in das Brot gießen, mit Frühlingszwiebeln bestreuen und sofort zusammen mit den Brotsticks und anderen Beilagen genießen.

TIPP

Verfeinern Sie Ihr Fondue zusätzlich mit einem Löffel Saure Sahne und reichen Sie als Beilage Ofenkartoffeln.

IRISCHES WHISKEY-
Cheddar-Fondue

FÜR 4 PORTIONEN

- 1–2 Knoblauchzehen
- 600 g milder Cheddar
- 200 g gereifter Cheddar (alternativ Gruyère)
- 2–3 TL Speisestärke
- 350 ml Weißwein
- 3–4 cl Whiskey
- Pfeffer
- 1 Msp. geriebene Muskatnuss

Außerdem

- 600 g Filet von Rind, Lamm oder Huhn
- Fonduebrot (siehe S. 50)
- Brezel-Bites (siehe S. 52)

SO GEHT'S

1 Den Knoblauch schälen, halbieren und das Caquelon damit ausreiben. Beide Käse reiben oder in Würfel schneiden und mit der Stärke in das Caquelon geben. Den Wein angießen, langsam erhitzen und den Käse unter Rühren zum Schmelzen bringen. Alles gründlich vermengen, bis das Fondue eine sämige Konsistenz hat. Mit Whiskey, Pfeffer und Muskatnuss abschmecken. Das fertige Fondue auf dem Rechaud warm halten.

2 Das vorbereitete Fleisch, je nach Dicke, kurz in wenig Öl anbraten und auf Tellern anrichten. Die Beilagen abwechselnd auf die Fonduegabeln spießen und in den Käse tunken.

TRÜFFELFONDUE

mit Ofenkartoffeln

FÜR 4 PORTIONEN

Für die Ofenkartoffeln

- 800 g kleine Frühkartoffeln (z. B. Sorte Amandine)
- 5 EL Olivenöl
- Kräuter- oder Meersalz

Für das Fondue

- 200 g Gruyère
- 200 g Appenzeller (mild oder extra würzig)
- 400 g Emmentaler
- 320 ml trockener Weißwein
- 2–3 Knoblauchzehen
- 1 EL Maisstärke
- 4 cl Kirschwasser
- 1 Spritzer Zitronensaft
- Salz, Pfeffer
- 1 Msp. geriebene Muskatnuss

Außerdem

- 90 g Trüffel-Carpaccio (in Öl)
- ½–1 Trüffel (nach Belieben)

SO GEHT'S

1 Die gewaschenen Kartoffeln in reichlich Salzwasser in 7–10 Minuten bissfest kochen. Die gekochten Kartoffeln durch ein Sieb abseihen und ein wenig auskühlen lassen. Den Backofen auf 210 °C (Ober-/Unterhitze) vorheizen und die Kartoffeln in eine ausreichend große Form geben. Öl und Salz zu den Kartoffeln geben und alles gründlich miteinander vermengen. Die Kartoffeln mit Abstand zueinander 15–17 Minuten im heißen Ofen (Mitte) garen, bis sie goldbraun sind. Nach der Hälfte der Backzeit einmal wenden.

2 Währenddessen das Fondue wie im Rezept (siehe S. 26) herstellen. Das Trüffel-Carpaccio zusammen mit dem Öl unter die Käsemischung rühren. Nach Geschmack mit frisch gehobeltem Trüffel verfeinern. Das Fondue auf dem Rechaud warm halten und dazu die Ofenkartoffeln genießen.

STAUB
LA FONDUE
STAUB

ZARTBITTER-
Schokoladenfondue

FÜR 2 PORTIONEN

- 350 g Zartbitter-schokolade
- 1 TL Kokosöl
- 250 g Erdbeeren
- 100 g Kirschen
- 4 EL Nusskrokant

SO GEHT'S

1 Die Schokolade grob hacken. Für das Wasserbad einen Topf bis zur Hälfte mit Wasser füllen und zum Kochen bringen. Die Hitze reduzieren und warten, bis das Kochwasser simmert. Die Schokolade in einen kleineren Topf geben und diesen über den Topf mit dem Wasser hängen. Das Wasser sollte den kleineren Topf dabei nicht berühren. Die Schokolade über dem Wasserbad zum Schmelzen bringen und so lange rühren, bis eine homogene, glatte Masse entstanden ist.

2 Das Kokosöl unter die geschmolzene Schokolade ziehen. Die Schokolade in einen Fonduetopf gießen und auf das vorgeheizte Rechaud stellen.

3 Das Obst waschen. Die Erdbeeren putzen, entkelchen und nach Bedarf halbieren. Die Kirschen entsteinen. Beides mit dem Nusskrokant zum Fondue reichen. Zum Genießen die Früchte aufspießen, in die Schokolade tunken und mit Nusskrokant bestreuen.

SCHOKO-TIRAMISU-
Fondue

FÜR 4 PORTIONEN

Für das Fondue

- 350 g weiße Schokolade (alternativ Milchschokolade)
- 60 g Sahne
- 1 TL Instant-Kaffeepulver
- 1 ½ TL Kokosöl
- 1 Msp. gemahlene Vanille
- 2 cl Marsala (alternativ Amaretto)

Für die Creme und den Schaum

- 100 g Sahne
- 1 EL Puderzucker
- 1 Msp. Sahnesteif
- 100 g Mascarpone
- 5 EL Instant-Espressopulver
- 5 EL Zucker

Außerdem

- Löffelbiskuits

SO GEHT'S

1 Für das Fondue die Schokolade hacken und über einem Wasserbad (siehe S. 42, Schokoladenfondue) schmelzen. Sahne, Kaffeepulver, Kokosöl, Vanille und Marsala gründlich einrühren. Alles in einen Fonduetopf umfüllen.

2 Für die Mascarponecreme die Sahne mit dem Puderzucker in eine Schüssel geben und mit Sahnesteif steif schlagen. Mascarpone glatt rühren und portionsweise unter die Sahne heben.

3 Für den Espressoschaum das Espressopulver zusammen mit dem Zucker und 5 EL Wasser in eine Rührschüssel geben. Mit dem Handrührgerät einige Minuten schaumig und steif aufschlagen.

4 Den Fonduetopf auf das vorgeheizte Rechaud stellen. Die Mascarponecreme mit dem Espressoschaum anrichten. Nach Belieben jeweils 1–2 TL auf das Fondue geben. Die Löffelbiskuits in die Schokosauce tunken und zusätzlich mit der Creme und dem Schaum genießen.

WEISSES
Schokoladenfondue

FÜR 4 PORTIONEN

Für die Spieße
- 600 g exotische Früchte (z. B. Ananas, Melone, Papaya)
- 2–3 Stängel Minze
- Holzspieße
- 5–6 EL Kokosraspel

Für das Fondue
- 3 Passionsfrüchte
- 150 ml Kokosmilch
- 450 g weiße Kuvertüre
- 40 g Kokosöl
- 1 Bio-Limette
- 2 EL Kokoslikör (z. B. Batida de Côco®)

Für die Sauce
- 1 Bund Minze (ca. 30 g)
- 3 ½ EL Limettensaft
- 3 ½ EL Apfelsaft
- 3 EL Akazienhonig
- Salz

SO GEHT'S

1 Für die Spieße die Früchte ggf. waschen, schälen, entkernen und in mundgerechte Stücke schneiden. Die Minze waschen, trocken schütteln und die Blätter abzupfen. Die Früchte abwechselnd mit etwas Minze auf die Spieße stecken und abgedeckt im Kühlschrank lagern oder nach Belieben etwa 10 Minuten vor dem Servieren im Gefrierfach kühlen.

2 Für das Fondue die Passionsfrüchte halbieren, das Fruchtfleisch auslösen und zusammen mit der Kokosmilch in einem Topf aufkochen. Durch ein Sieb streichen und zurück in den Topf geben. Die Kuvertüre grob hacken, mit dem Kokosöl portionsweise in den Topf geben und unter Rühren schmelzen lassen. Die Limette heiß abwaschen und die Schale abreiben. Likör und Limettenabrieb unter die Kuvertüre rühren.

3 Für die Sauce die Minze waschen, trocken schütteln und die Blätter abzupfen. Alle Zutaten und 1 Prise Salz mit dem Stabmixer fein pürieren und in eine Schale umfüllen. Die Schokosauce in den Fonduetopf umfüllen und auf dem vorgeheizten Rechaud platzieren. Die Fruchtspieße in das Fondue dippen, mit Kokosraspeln bestreuen und mit der Minzsauce genießen.

SALTED-CARAMEL-
Fondue

FÜR 4 PORTIONEN

Für das Fondue
- 400 g gesüßte Kondens-milch (Dose)
- 50 g Sahne
- grobes Meersalz

Für das Popcorn
- 1 TL Butter
- 2 EL Popcornmais

Außerdem
- 1 Apfel
- einige Spritzer Zitronensaft
- 3–4 EL gesalzene Erdnusskerne
- einige Weintrauben
- Brezel-Bites (nach Belieben; siehe S. 52)
- 4–5 EL Schokoladen streusel
- Nusskrokant

SO GEHT'S

1 Für das Fondue die Kondensmilch mit der Sahne in einen keinen Fonduetopf geben und unter Rühren erhitzen.

2 Für das Popcorn die Butter in einem Topf schmelzen. Popcornmais dazugeben, den Deckel aufsetzen und bei mittlerer Hitze zu Popcorn poppen lassen. Dabei aufpassen, dass es nicht anbrennt.

3 Den Apfel waschen, nach Belieben schälen, halbieren, entkernen und in Spalten oder Stücke schneiden. Die Schnittflächen zügig mit etwas Zitronensaft beträufeln. Die Erdnüsse grob hacken.

4 Den Fonduetopf auf dem vorgeheizten Rechaud platzieren. Die Karamellsauce mit etwas grobem Meersalz bestreuen. Die Zutaten (Popcorn, Apfelspalten, Weintrauben, Brezel-Bites) nach Belieben aufspießen, in die Sauce rühren und mit Schokoladenstreuseln, Krokant oder gehackten Erdnüssen bestreuen.

FONDUE-
brot

FÜR 4 PORTIONEN

- 350 g Weizenmehl (Type 405) + etwas mehr zum Arbeiten
- 150 g Ruchmehl (Type 1100)
- 1 ½ TL Salz
- ½ Würfel zimmerwarme Hefe (21 g)
- 1 EL Honig
- 100 ml lauwarme Milch

Außerdem

- 1 EL geschmolzene Meersalzbutter (nach Belieben)
- 2 Knoblauchzehen (nach Belieben)

SO GEHT'S

1 Beide Mehlsorten mit dem Salz in einer Schüssel mischen. Die Hefe ins Mehl bröckeln. Honig, Milch und 200 ml lauwarmes Wasser dazugießen. Alles zu einem glatten Teig kneten. Den Teig zugedeckt bei Raumtemperatur 1–2 Stunden gehen lassen.

Den fertigen Teig auf eine leicht bemehlte Arbeitsfläche geben und in zwei Hälften teilen. Jede Hälfte zu einer Kugel formen, flach drücken und jeweils etwa 15 cm lange, ovale Fladen formen. Beide Teigrohlinge nebeneinander auf ein mit Backpapier belegtes Blech legen und mit ein wenig Mehl bestäuben.

2 Nun mit einer Teigkarte den Teig fünfmal längs und fünfmal quer eindrücken, dabei aber auf keinen Fall durchstechen! Auf diese Weise entsteht das typische Muster. Den Teig noch mal zugedeckt 30 Minuten gehen lassen.

3 In der Zwischenzeit den Backofen auf 210 °C (Ober-/Unterhitze) vorheizen. Die Brote im heißen Ofen (unten) 20–25 Minuten backen. Die fertig gebackenen Brote aus dem Ofen holen und auf einem Kuchengitter abkühlen lassen. Nach Belieben die Butter in einem Topf schmelzen lassen, den Knoblauch schälen und dazupressen. Die noch lauwarmen Brote mit der Knoblauchbutter bestreichen und zum Fondue servieren.

Lange (Joh. Peter)

BREZEL-
Bites

FÜR 4 PORTIONEN

- 1 Packung Laugenbrezel (Kühlregal, ca. 600 g)
- 90 g Natron
- ca. 3 EL Kaffeesahne (10 % Fett)
- Samen und Kerne nach Wahl (Mohn, Sesam, Sonnenblumenkerne)
- grobes Meersalz

SO GEHT'S

1 Die Brezeln aus der Verpackung holen, auf ein mit Backpapier belegtes Backblech legen und leicht antauen lassen. Dann mit einem Messer in gleich große Stücke schneiden. Den Backofen auf 180 °C (Ober-/Unterhitze) vorheizen und zwei Backbleche mit Backpapier auslegen.

2 1,5 l Wasser in einem Topf erhitzen. Das Natron vorsichtig einrühren, da es zu starker Schaumbildung neigt. Teigstücke portionsweise 15 Sekunden in das Bad legen, dabei wenden. Dann mit Abstand zueinander auf die Bleche verteilen. Mit Kaffeesahne bestreichen und mit Samen, Kernen und Salz bestreuen. Im heißen Ofen (Mitte) goldbraun backen. Aus dem Ofen nehmen und auf einem Kuchengitter auskühlen lassen.

AIOLI

Knoblauchcreme

FÜR 4 PORTIONEN

- 2 Scheiben entrindetes Weißbrot
- 1 TL mittelscharfer Senf
- 100 ml Milch
- 6 Knoblauchzehen
- grobes Meersalz
- 1 Eigelb (Größe M)
- 200 ml Sonnenblumenöl

SO GEHT'S

Das Weißbrot grob zerzupfen, den Senf zugeben und mit der Milch begießen. Den Knoblauch schälen und halbieren. Zusammen mit ½ TL Meersalz im Mörser grob zerreiben und zu der Milch-Brot-Mischung geben.

1 Das Eigelb unterrühren und mit dem Handrührgerät (oder einem Schneebesen) das Sonnenblumenöl nach und nach unterschlagen, bis eine cremige Sauce entsteht.

TIPP

In diesem Rezept ist Sonnenblumenöl angegeben – dieses kann aber nach Geschmack auch zu gleichen Teilen mit Olivenöl vermischt werden.

JOGHURTSAUCE

mit Schnittlauch und Ei

FÜR 4 PORTIONEN

- 2 Eier (Größe M)
- 1 kleines Bund Schnittlauch
- 3 EL Fleisch- oder Gemüsebrühe
- 1 TL mittelscharfer Senf
- 150 g Joghurt
- Salz, Pfeffer

SO GEHT'S

1 Die Eier in etwa 10 Minuten hart kochen, dann mit kaltem Wasser abschrecken und pellen. Die Eier halbieren, die Eigelbe herauslösen und die Eiweiße fein hacken. Den Schnittlauch waschen, trocken tupfen und in feine Röllchen schneiden.

2 Die Eigelbe mit Brühe, Senf und Joghurt verrühren. Mit Salz und Pfeffer würzen. Zuletzt das gehackte Eiweiß und den Schnittlauch unter die Sauce ziehen.

PIKANTER
Erdnussdip

FÜR 4 PORTIONEN

- 50 g ungesalzene Erdnusskerne
- 1 Knoblauchzehe
- 1 kleine Zwiebel
- ½ kleine rote Chilischote
- ½ Bund Koriander
- 1 EL Pflanzenöl
- 2 EL Erdnusscreme
- 200 ml ungesüßte Kokosmilch
- Salz, Pfeffer

SO GEHT'S

1 Die Erdnusskerne in einer heißen Pfanne ohne Fett rösten, bis sie duften. Kurz abkühlen lassen und fein hacken. Knoblauch und Zwiebel schälen und fein würfeln. Die Chilischote waschen, halbieren, Stielansatz und Kerne entfernen. Die Chilihälften klein würfeln. Den Koriander waschen, trocken tupfen, die Blättchen abzupfen und fein hacken.

2 In einem Topf das Öl erhitzen und darin Zwiebel, Knoblauch und Chili andünsten. Die Erdnusscreme unterrühren und mit der Kokosmilch aufgießen. Bei schwacher Hitze 5 Minuten sanft köcheln lassen. Mit Salz und Pfeffer würzen und Erdnusskerne sowie Korianderblättchen einrühren. Am besten lauwarm oder zimmerwarm servieren.

KRÄUTER-
quark

FÜR 4 PORTIONEN

- 1 Knoblauchzehe
- 50 g gemischte Kräuter (z. B. Petersilie, Schnittlauch, Dill, Basilikum)
- 3–4 Blätter Liebstöckel
- 350 g saure Sahne
- 350 g Magerquark
- 2 EL Zitronenöl (alternativ Olivenöl)
- 1 EL Zitronensaft
- Salz, Pfeffer

SO GEHT'S

1 Den Knoblauch schälen. Die Kräuter waschen, trocken schütteln, die Blätter von den Stängeln zupfen und zusammen mit dem Knoblauch fein hacken.

2 Alle Zutaten in eine Schüssel geben, gut miteinander vermengen und mit Salz und Pfeffer abschmecken. Den Kräuterquark bis zum Servieren zugedeckt im Kühlschrank ziehen lassen.

SPANISCHE
Salsa verde

FÜR 2 PORTIONEN

- 2 Knoblauchzehen
- 1 Schalotte
- 6 EL Olivenöl
- 250 g grüne TK-Erbsen
- 1 Lorbeerblatt
- 1 kleines Bund gemischte Kräuter (Petersilie, Oregano, Basilikum)
- 1 kleine grüne Chilischote
- Saft von ½ Zitrone
- Salz, Pfeffer

SO GEHT'S

1 Knoblauchzehen und Schalotte schälen und fein würfeln. In einer Pfanne 2 EL Olivenöl erhitzen und darin Knoblauch- und Schalottenwürfel 1 Minute andünsten. Die Erbsen unaufgetaut hinzufügen und mit dem Lorbeerblatt bei schwacher Hitze einige Minuten dünsten. Anschließend den Pfanneninhalt abkühlen lassen.
Das Lorbeerblatt entfernen.

2 Die Kräuter waschen, trocken schütteln, die Blättchen abzupfen und klein schneiden. Die Chilischote waschen, Stielansatz und Kerne entfernen und klein schneiden.

3 Alle vorbereiteten Zutaten in einem Mixer mit dem restlichen Olivenöl und dem Zitronensaft cremig pürieren. Mit Meersalz und Pfeffer würzen.

TIPP

Wenn Sie die Sauce schärfer bevorzugen, geben Sie mehr Chili hinein. Die Konsistenz und Cremigkeit können Sie nach Belieben variieren, indem Sie mehr oder weniger Olivenöl verwenden.

IMPRESSUM

Bibliografische Information der Deutschen Bibliothek.

Die Deutsche Bibliothek verzeichnet diese Publikation in der Deutschen Nationalbibliografie. Detaillierte bibliografische Daten sind im Internet über http://www.dnb.de/ abrufbar.

EIN BUCH DER EDITION MICHAEL FISCHER
2. Auflage 2022

Reihengestaltung: Yvonne Witzan
Satz: Vinzenz Dürr
Projektleitung und Lektorat: Paulina Schick

Texte und Rezepte: Sarah Thor; außer: S. 10 (Abschnitt zum Fleisch): Stephan, Michael & Wolfgang Otto; S. 28: Tanja Dusy; S. 54, 56, 58, 62: Rose Marie Donhauser

Bilder: Sarah Thor; außer: S. 19, 23, 37, 39, 45, 47: Lena Pfetzer, Waghäusel;
S. 4: Rimma Bondarenko/Shutterstock; S. 7, 11: stockcreations/Shutterstock; S. 9: Klara Avsenik/Unsplash;
S. 12: angela pham/Unsplash; S. 29, 63: Tina Bumann, Bretten; S. 55: New Africa/Shutterstock;
S. 57, 59: Julia Hildebrand & Ingolf Hatz, Bad Aibling; S. 61: HandmadePictures/Shutterstock

Coverfoto: Sarah Thor

ISBN 978-3-7459-0749-0

Gedruckt bei LEGRA Sp. z o.o., Albatrosów 10c, 30-716 Kraków, Polen

www.emf-verlag.de